So wird es gemacht:

Öffne das LÜK® – Kontrollgerät und lege die Plättchen in den unbedruckten Deckel!
Jetzt kannst du auf den Plättchen und im Boden des Kontrollgerätes die Zahlen 1 bis 24 sehen.

Beispiel: Seite 2 **Weißt du den richtigen Buchstaben?**
Nimm das Plättchen 1 und sieh dir Bild 1 an!
Du siehst ein Haus, und dieses Wort endet mit einem s. Neben dem s steht die 23. Das ist auch die Feldzahl im Kontrollgerät, auf die du das Plättchen legen musst. Lege also das Plättchen 1 auf das Feld 23 im Geräteboden!

1	2	3	4	5	6
7	8	9	10	11	12
13	14	15	16	17	18
19	20	21	22	23	24

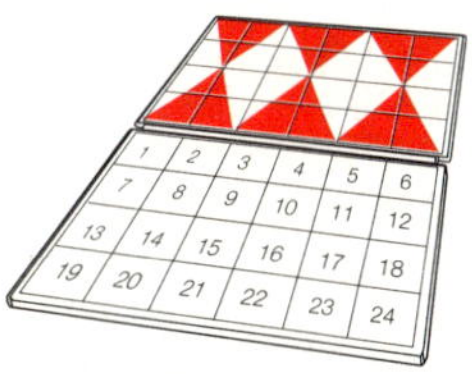

So musst du weiterarbeiten, bis alle Plättchen im Kontrollgerät liegen. Schließe dann das Gerät und drehe es um! Öffne es von der Rückseite! Wenn du das bei der Übungsreihe abgebildete Kontrollmuster siehst, hast du alle Aufgaben richtig gelöst. Passen einige Plättchen nicht in das Muster, dann hast du dort Fehler gemacht. Drehe diese Plättchen da, wo sie liegen, um, schließe das Gerät, drehe es um und öffne es wieder! Jetzt kannst du sehen, welche Aufgaben du falsch gelöst hast. Nimm diese Plättchen heraus und suche die richtigen Ergebnisse! Kontrolliere dann noch einmal!
Stimmt jetzt das Muster?

Das System ist für alle Übungen dasselbe: Die roten Aufgabennummern entsprechen immer den LÜK-Plättchen aus dem Kontrollgerät. Die schwarzen Zahlen hinter den Lösungswörtern, -buchstaben oder -bildern sagen dir, auf welches Feld des Kontrollgerätes du das Plättchen legen musst.

Und nun viel Spaß!

Dieses Papier wurde aus chlorfrei gebleichtem Zellstoff hergestellt

Weißt du den richtigen Buchstaben?

In den meisten Fällen hörst du ihn, wenn du das Wort verlängerst.

1  s 23 ß 13	9  s 19 ß 8	17  s 3 ß 10
2  s 21 ß 12	10 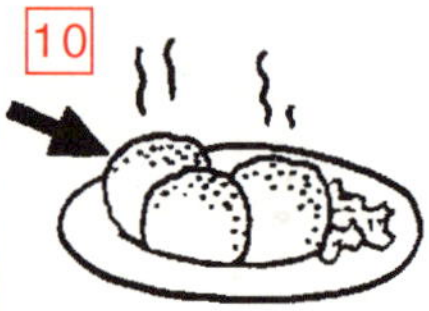 s 11 ß 14	18  s 8 ß 1
3  s 22 ß 20	11  s 8 ß 18	19  s 14 ß 4
4  s 24 ß 14	12  s 16 ß 6	20  s 2 ß 5
5 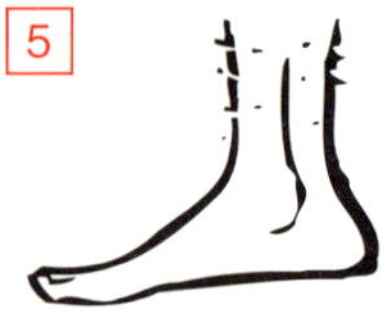 s 3 ß 13	13  s 12 ß 11	21  s 1 ß 11
6  s 22 ß 2	14 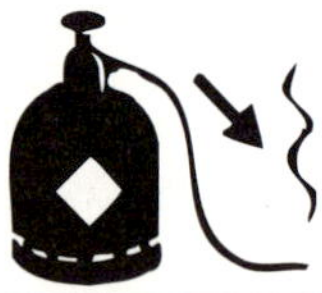 s 9 ß 4	22 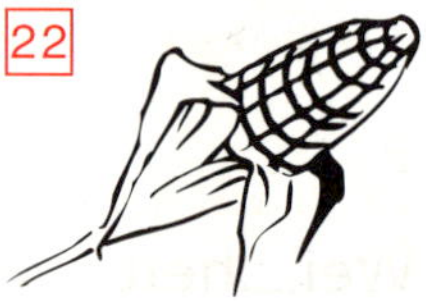 s 10 ß 16
7  s 5 ß 15	15  s 2 ß 7	23  s 17 ß 6
8  s 7 ß 17	16  s 12 ß 6	24 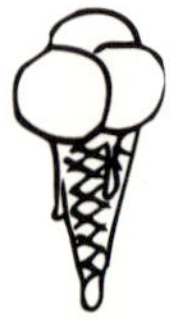 s 2 ß 12

s oder ß oder z?

1	die Lau__	s 16	ß 24	z 22
2	der Spa__	s 1	ß 14	z 19
3	der Schwan__	s 8	ß 23	z 5
4	der Grei__	s 3	ß 10	z 8
5	der Hal__	s 12	ß 5	z 21
6	der Gru__	s 18	ß 1	z 10
7	die Gan__	s 8	ß 23	z 12
8	das Gefä__	s 21	ß 10	z 20
9	der Kran__	s 19	ß 7	z 18
10	der Bu__tag	s 4	ß 23	z 11
11	der Glan__	s 2	ß 9	z 21
12	der Bewei__	s 19	ß 6	z 18
13	der Stol__	s 15	ß 16	z 4
14	der Ru__	s 20	ß 2	z 14
15	der Fil__	s 17	ß 24	z 6
16	der Flei__	s 7	ß 15	z 4
17	der Pul__	s 20	ß 22	z 13
18	die Wei__heit	s 17	ß 24	z 3
19	der Tan__	s 13	ß 6	z 7
20	das Gesä__	s 9	ß 22	z 2
21	das Schmal__	s 11	ß 15	z 24
22	der Auswei__	s 13	ß 16	z 5
23	der Pel__	s 14	ß 1	z 9
24	das Wei__brot	s 5	ß 11	z 12

Aufgepasst! – Mehrzahl!

Eine Nuss – viele Nüsse; ein Fuß – viele Füße

1		ss	9	13	die Gr	össen	2
		ß	6			ößen	4
2		ss	13	14	die Ge	nüsse	6
		ß	11			nüße	18
3		ss	5	15	die R	isse	2
		ß	8			iße	14
4		ss	10	16	 ss		16
		ß	14		ß		3
5	die P	ässe	20	17	 ss		17
		äße	16		ß		5
6	die Sp	ässe	13	18	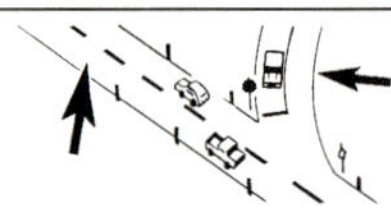 ss		13
		äße	12		ß		1
7	die Gr	üsse	15	19	die Amb	osse	18
		üße	24			oße	11
8		ss	22	20	die Sch	üsse	15
		ß	16			üße	16
9	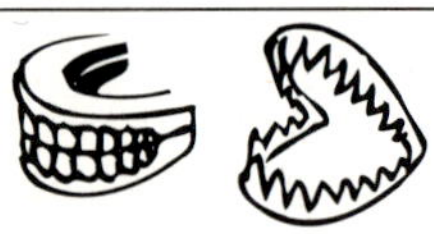	ss	7	21	die Sch	össe	14
		ß	17			öße	13
10		ss	18	22	 ss		3
		ß	19		ß		5
11	die K	üsse	21	23	 ss		18
		üße	3		ß		16
12	die St	össe	5	24	Ausg	üsse	14
		öße	23			üße	24

Wie hört das Wort auf?

Du hörst den letzten Buchstaben, wenn du das Wort verlängerst.

1	tüchti__	g 23	ch 13
2	lächerli__	g 6	ch 7
3	süchti__	g 16	ch 19
4	herrli__	g 2	ch 12
5	kräfti__	g 21	ch 18
6	würdi__	g 20	ch 19
7	ärmli__	g 4	ch 1
8	künstli__	g 18	ch 17
9	gieri__	g 15	ch 5
10	feierli__	g 3	ch 22
11	unersättli__	g 13	ch 6
12	fetti__	g 14	ch 8
13	frosti__	g 11	ch 10
14	kindli__	g 2	ch 19
15	brummi__	g 3	ch 4
16	mündli__	g 18	ch 24
17	schläfri__	g 13	ch 9
18	schriftli__	g 5	ch 4
19	reichli__	g 10	ch 2
20	trauri__	g 5	ch 6
21	schmutzi__	g 9	ch 3
22	stündli__	g 16	ch 8
23	eifri__	g 18	ch 19
24	tröstli__	g 12	ch 10

1	ei__	lig 8	lich 15
2	se__	lig 9	lich 2
3	schreck__	lig 13	lich 11
4	wel__	lig 7	lich 17
5	fröh__	lig 16	lich 5
6	herz__	lig 20	lich 10
7	einma__	lig 4	lich 6
8	glück__	lig 14	lich 1
9	freund__	lig 18	lich 12
10	dreitei__	lig 6	lich 21
11	mensch__	lig 22	lich 2
12	hei__	lig 3	lich 17
13	langwei__	lig 19	lich 15
14	gründ__	lig 24	lich 22
15	heim__	lig 18	lich 23
16	sträf__	lig 14	lich 20
17	ö__	lig 15	lich 13
18	nütz__	lig 21	lich 24
19	drol__	lig 16	lich 17
20	pünkt__	lig 13	lich 14
21	fried__	lig 12	lich 18
22	gesel__	lig 21	lich 19
23	pein__	lig 11	lich 13
24	meh__	lig 17	lich 15

Hier musst du ganz genau hinhören!

1  F 2 Pf 3	9  F 6 Pf 5	17  F 7 Pf 12
2  F 6 Pf 1	10  F 12 Pf 13	18  F 24 Pf 6
3  F 18 Pf 13	11  F 10 Pf 6	19  F 20 Pf 2
4  F 24 Pf 16	12  F 9 Pf 8	20  F 7 Pf 9
5  F 23 Pf 2	13  F 15 Pf 22	21 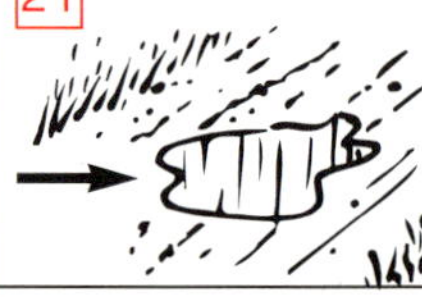 F 13 Pf 11
6 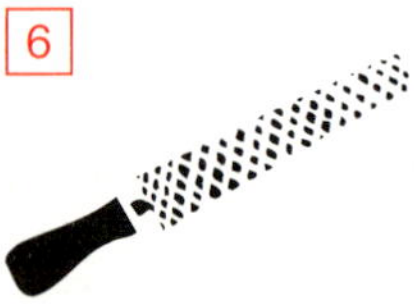 F 14 Pf 9	14 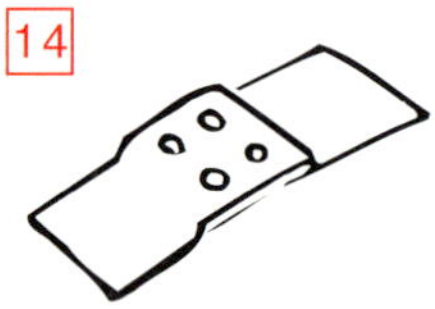 F 2 Pf 13	22  F 2 Pf 5
7  F 17 Pf 19	15  F 11 Pf 17	23  F 16 Pf 22
8 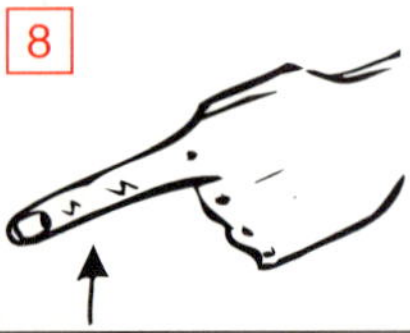 F 21 Pf 22	16  F 4 Pf 9	24  F 24 Pf 21

Wie fängt das Wort an?

1	der __alter	F 12	Pf 13
2	der __effer	F 5	Pf 15
3	die __alle	F 7	Pf 10
4	die __lege	F 19	Pf 11
5	der __örster	F 2	Pf 1
6	der __legel	F 16	Pf 18
7	der __lieder	F 3	Pf 4
8	die __orte	F 11	Pf 6
9	das __und	F 14	Pf 8
10	das __leisch	F 1	Pf 19
11	die __lanze	F 21	Pf 5
12	der __irsich	F 9	Pf 4
13	der __rost	F 24	Pf 17
14	der __ad	F 22	Pf 21
15	der __reitag	F 20	Pf 13
16	der __lock	F 18	Pf 23
17	der __rühling	F 9	Pf 10
18	die __licht	F 14	Pf 19
19	die __eier	F 10	Pf 12
20	der __iff	F 15	Pf 18
21	die __arm	F 14	Pf 24
22	die __erien	F 22	Pf 21
23	der __arrer	F 20	Pf 17
24	das __ingstfest	F 23	Pf 13

1	__eilen	f 14	pf 12
2	__eifen	f 19	pf 18
3	__legen	f 7	pf 10
4	__iltern	f 13	pf 11
5	__luchen	f 21	pf 13
6	__lanzen	f 8	pf 17
7	__lastern	f 16	pf 24
8	__liegen	f 20	pf 15
9	__alten	f 9	pf 4
10	__lügen	f 12	pf 22
11	__ragen	f 19	pf 13
12	__effern	f 11	pf 23
13	__ahren	f 2	pf 8
14	__lücken	f 5	pf 6
15	__rieren	f 3	pf 16
16	__ächeln	f 1	pf 7
17	__ühlen	f 12	pf 5
18	__uschen	f 15	pf 4
19	__änden	f 10	pf 11
20	__löten	f 8	pf 6
21	__iffig	f 12	pf 15
22	__undweise	f 3	pf 5
23	__lechten	f 7	pf 2
24	__ui	f 13	pf 16

Hier kann man sich leicht versehen!

Nr.			
1		nf	9
		mpf	19
2		nf	2
		mpf	11
3		nf	6
		mpf	8
4	die An	kunft	10
		kumpft	16
5	die Infor … mation	1	
	die Impfor … mation	4	
6	der Kr	anf	13
		ampf	12
7	5	nf	5
		mpf	6
8		nf	4
		mpf	3
9		nf	7
		mpf	14
10	der Anf … ang	2	
	der Ampf … ang	20	
11	die Inf … lation	4	
	die Impf … lation	15	
12	der Inf … schein	17	
	der Impf … schein	6	
13	der R	unf	22
		umpf	21
14	die Sanft … mut	23	
	die Sampft … mut	24	
15	die Kl	anfe	18
		ampfe	19
16		nf	22
		mpf	16
17		nf	13
		mpf	17
18	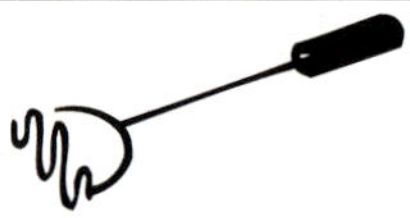	nf	14
		mpf	20
19	der Konfir … mand	18	
	der Kompfir … mand	24	
20	die Unter	kunft	15
		kumpft	16
21	der Enf … ang	14	
	der Empf … ang	13	
22		nf	24
		mpf	21
23		nf	18
		mpf	16
24		nf	12
		mpf	14

Kannst du das?

1 die Zu
- kunft 17
- kumpft 8

2 der Sauer
- anfer 11
- ampfer 13

3 G
- enf 16
- empf 12

4 die
- Inf 14 ung
- Impf 18 ung

5 der Tr
- unf 20
- umpf 21

6 die
- Konfir 14 mation
- Kompfir 7 mation

7 die
- Enfin 2 dung
- Empfin 19 dung

8
- Manf 23 red
- Mampf 11 red

9 der H
- anf 15
- ampf 9

10 die Aus
- kunft 22
- kumpft 10

11 der K
- anf 12
- ampf 24

12 die Z
- unft 20
- umpft 7

13 der S
- unf 12
- umpf 5

14 die
- Konfe 1 renz
- Kompfe 2 renz

15 die
- Enfeh 10 lung
- Empfeh 3 lung

16
- Fünf 6 zig
- Fümpf 4 zig

17 das
- Konf 7 ekt
- Kompf 9 ekt

18 die
- Schrunf 10 ung
- Schrumpf 4 ung

19 der
- Hänf 8 ling
- Hämpf 2 ling

20 das
- Schinf 12 wort
- Schimpf 11 wort

21
- glinf 10 lich
- glimpf 9 lich

22
- anf 2 angs
- ampf 4 angs

23 ver
- kranft 18
- krampft 12

24
- zünf 10 tig
- zümpf 16 tig

Wie fängt das Wort an?

1  V 7 F 17	9  V 11 F 18	17 das __ieh V 15 F 21
2  V 9 F 5	10  V 3 F 5	18 die __erien V 11 F 23
3  V 1 F 12	11  V 14 F 1	19 das __olk V 16 F 10
4  V 8 F 15	12  V 3 F 16	20 der __ers V 13 F 14
5 das __ett V 16 F 6	13  V 13 F 20	21  V 15 F 17
6 das __utter V 13 F 10	14 40 V 22 F 21	22  V 19 F 21
7 der __etter V 4 F 14	15 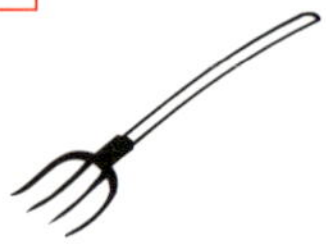 V 18 F 24	23  V 14 F 16
8 das __est V 1 F 2	16  V 19 F 14	24  V 23 F 18

Setze den richtigen Buchstaben ein!

1	die _esper	V 17	F 7
2	die _amilie	V 4	F 9
3	der _alter	V 19	F 14
4	der _erein	V 18	F 11
5	die _olter	V 1	F 2
6	der _ortrag	V 10	F 16
7	der _ogt	V 3	F 4
8	die _essel	V 12	F 6
9	der _ertrag	V 13	F 20
10	das _eld	V 8	F 1
11	der _aden	V 23	F 5
12	das _ohlen	V 14	F 4
13	der _ielfraß	V 24	F 22
14	das _olkslied	V 21	F 19
15	der _ehler	V 13	F 20
16	der _izekanzler	V 23	F 12
17	die _olge	V 11	F 15
18	der _orwurf	V 19	F 20
19	die _uhre	V 14	F 16
20	der _ollbart	V 11	F 17
21	das _orzeichen	V 7	F 8
22	die _iedel	V 16	F 22
23	die _elge	V 10	F 12
24	das _orderrad	V 8	F 5

1	der Gra_	v 20	f 10
2	der E_eu	v 21	f 7
3	das Pul_er	v 12	f 2
4	das Scha_ott	v 5	f 9
5	Da_id	v 17	f 15
6	E_a	v 20	f 24
7	Ste_an	v 2	f 1
8	Gusta_	v 21	f 16
9	der Tari_	v 11	f 23
10	bra_	v 6	f 5
11	_ertig	v 16	f 22
12	primiti_	v 14	f 8
13	nai_	v 3	f 2
14	tie_	v 13	f 19
15	_ergessen	v 11	f 24
16	_oll	v 4	f 15
17	schie_	v 8	f 13
18	_iel	v 24	f 18
19	_orbei	v 2	f 9
20	_allen	v 15	f 16
21	_orne	v 5	f 6
22	_ordern	v 7	f 8
23	_ern	v 12	f 15
24	_on	v 18	f 13

Es klingt wie w, wird aber nicht immer so geschrieben!

1  V 18 W 19	9  V 15 W 21	17  V 5 W 6
2  V 23 W 3	10 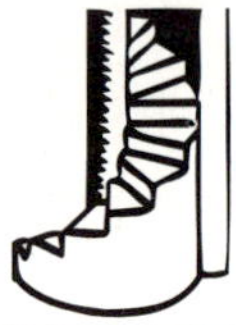 V 3 W 10	18  V 16 W 3
3  V 22 W 16	11  V 8 W 14	19  V 6 W 18
4  V 14 W 20	12 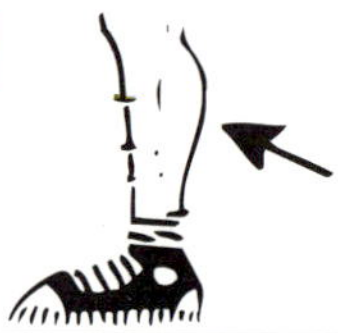 V 17 W 12	20 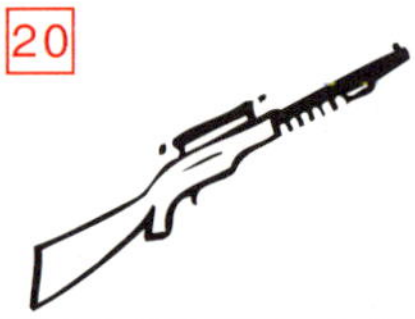 V 2 W 1
5  V 4 W 9	13  V 13 W 2	21  V 3 W 4
6 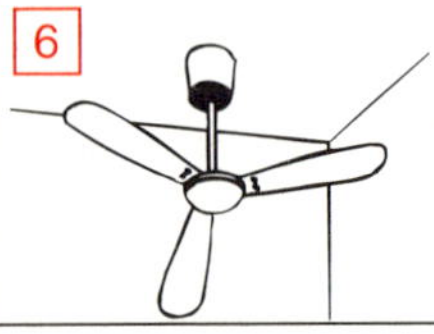 V 24 W 6	14  V 18 W 17	22  V 15 W 18
7  V 18 W 11	15  V 15 W 4	23  V 2 W 7
8  V 7 W 1	16  V 1 W 14	24  V 6 W 4

Weißt du den richtigen Buchstaben?

1	die _illa	V 11	W 13
2	der _ille	V 6	W 7
3	die _ioline	V 22	W 19
4	die _anille	V 12	W 2
5	die _atte	V 18	W 15
6	die _isite	V 8	W 20
7	die _alnuss	V 2	W 1
8	die _endung	V 17	W 5
9	die _itamine	V 21	W 10
10	der _eg	V 4	W 16
11	die _ase	V 6	W 24
12	der _agabund	V 2	W 20
13	der _egetarier	V 23	W 18
14	der _ickel	V 21	W 19
15	der _ilderer	V 3	W 9
16	die _itrine	V 24	W 17
17	die _itterung	V 12	W 13
18	die _arnung	V 15	W 10
19	der _ikar	V 14	W 18
20	die _ange	V 13	W 17
21	_eronika	V 3	W 4
22	_erner	V 19	W 20
23	_alter	V 11	W 18
24	_alentin	V 4	W 6

1	die La_ine	v 18	w 15
2	die Täto_ierung	v 9	w 11
3	Die Uni_ersität	v 8	w 10
4	die Kara_ane	v 14	w 16
5	der Skla_e	v 19	w 22
6	die Kra_atte	v 10	w 12
7	die Ner_en	v 23	w 6
8	die Re_olver	v 3	w 5
9	der Kra_all	v 1	w 7
10	die Ju_elen	v 14	w 20
11	das E_angelium	v 4	w 2
12	die E_igkeit	v 18	w 24
13	das Re_ier	v 21	w 9
14	der Ka_alier	v 5	w 6
15	die Ge_alt	v 13	w 1
16	der In_alide	v 22	w 14
17	der Be_erber	v 10	w 17
18	der Ri_ale	v 2	w 10
19	das Ge_itter	v 20	w 18
20	die Oli_e	v 9	w 19
21	die Re_olution	v 13	w 14
22	das Edel_eiß	v 3	w 6
23	Sil_ia	v 10	w 12
24	Er_in	v 7	w 14

Es klingt gleich und wird doch unterschiedlich geschrieben!

Nr.	Bild	i	ie
1		13	17
2		14	15
3		12	18
4		2	4
5		7	11
6		20	16
7	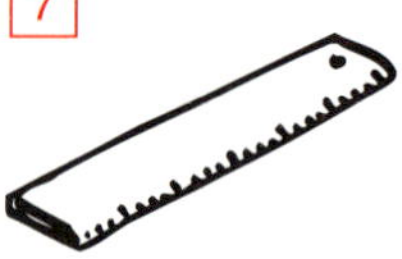	21	12
8		19	13
9		6	5
10		24	23
11		8	7
12		10	22
13		14	1
14		4	3
15		17	12
16		20	14
17		9	10
18		12	6
19		10	4
20		7	20
21		17	23
22		4	10
23		14	20
24		12	16

Setze den richtigen Buchstaben ein!

1	die Sch__ne	i	1	ie	9
2	der R__gel	i	18	ie	7
3	das Z__tat	i	12	ie	14
4	die K__fer	i	17	ie	10
5	die Ru__ne	i	6	ie	16
6	das K__no	i	8	ie	4
7	der Betr__b	i	22	ie	2
8	die Margar__ne	i	3	ie	13
9	der Pr__ster	i	15	ie	11
10	die Fabr__k	i	5	ie	18
11	das Benz__n	i	4	ie	15
12	der Besenst__l	i	22	ie	1
13	der L__ter	i	21	ie	16
14	der Schm__d	i	19	ie	20
15	die D__stel	i	24	ie	17
16	die F__bel	i	22	ie	16
17	der K__selstein	i	19	ie	13
18	der R__men	i	21	ie	23
19	das Kl__ma	i	14	ie	18
20	das Sp__lzeug	i	13	ie	15
21	die Law__ne	i	17	ie	11
22	die Pr__mel	i	19	ie	7
23	das S__gel	i	9	ie	16
24	die Fl__sen	i	12	ie	18

1	ch__nesisch	i	23	ie	19
2	fr__dlich	i	8	ie	9
3	verl__bt	i	24	ie	20
4	masch__nell	i	12	ie	4
5	v__rzig	i	2	ie	1
6	l__near	i	10	ie	11
7	b__blisch	i	21	ie	18
8	kl__matisch	i	17	ie	13
9	g__rig	i	19	ie	7
10	marsch__ren	i	2	ie	14
11	mob__l	i	6	ie	4
12	prob__ren	i	16	ie	22
13	flex__bel	i	11	ie	5
14	kar__rt	i	2	ie	3
15	impuls__v	i	19	ie	13
16	int__m	i	24	ie	18
17	musiz__ren	i	4	ie	15
18	b__gen	i	1	ie	8
19	kr__gen	i	10	ie	16
20	akt__v	i	5	ie	12
21	pr__vat	i	13	ie	20
22	bes__gen	i	9	ie	4
23	pr__ma	i	18	ie	17
24	z__rlich	i	8	ie	2

Weißt du den richtigen Buchstaben?
ei oder ai

1		ei ai	9 13	13		ei ai	6 3
2	der K__ser	ei ai	16 11	14	die M__le	ei ai	5 18
3	der Schr__ner	ei ai	8 18	15	der Mutterl__b	ei ai	1 2
4		ei ai	14 10	16		ei ai	15 4
5	die L__ne	ei ai	19 17	17	der Fischl__ch	ei ai	6 17
6	der L__e	ei ai	15 12	18	die W__se (Melodie)	ei ai	2 14
7		Ei Ai	23 24	19		ei ai	18 11
8	der Brotl__b	ei ai	16 21	20	K__n (Abels Bruder)	ei ai	16 15
9	der M__n	ei ai	2 7	21	das W__sen- haus	ei ai	14 13
10		ei ai	20 14	22		ei ai	6 12
11	der Schn__der	ei ai	22 15	23	die L__che	ei ai	16 10
12		ei ai	18 24	24	der M__baum	ei ai	9 14

Welcher Buchstabe fehlt?

1	die Hefts__te	ei	17	ai	15
2	die Geigens__te	ei	16	ai	13
3	die Darms__te	ei	12	ai	9
4	die Buchs__te	ei	18	ai	13
5	die Rücks__te	ei	4	ai	2
6	die Harfens__te	ei	15	ai	14
7	das S__tenspiel	ei	8	ai	1
8	die S__tentür	ei	5	ai	11
9	das S__teninstrument	ei	7	ai	10
10	der S__teneingang	ei	3	ai	21
11	das W__senkind	ei	12	ai	6
12	paarw__se	ei	2	ai	20
13	die Singw__se	ei	23	ai	10
14	die Vollw__se	ei	8	ai	19
15	Art und W__se	ei	22	ai	16
16	die Halbw__se	ei	12	ai	24
17	der Brotl__b	ei	20	ai	7
18	der Mutterl__b	ei	21	ai	15
19	die L__bwache	ei	8	ai	13
20	der Käsel__b	ei	5	ai	11
21	der M__n (Fluss)	ei	10	ai	16
22	m__n Buch	ei	20	ai	19
23	der L__chenschmaus	ei	12	ai	17
24	der Froschl__ch	ei	21	ai	15

Es klingt gleich und wird doch unterschiedlich geschrieben!

1  a 18 ah 8	9 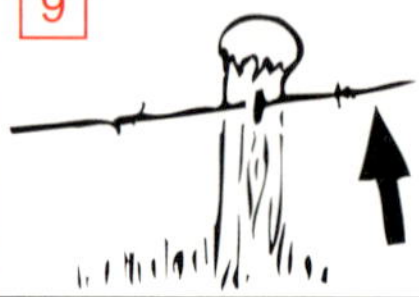 a 23 ah 12	17  o 22 oh 16
2  o 10 oh 19	10  o 24 oh 6	18 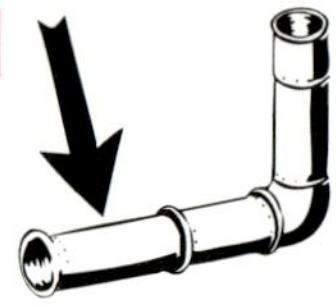 o 17 oh 24
3  o 4 oh 11	11  a 2 ah 20	19  e 15 eh 20
4  e 7 eh 13	12  a 4 ah 15	20  o 13 oh 14
5  o 5 oh 17	13  a 19 ah 20	21  a 18 ah 17
6  ü 2 üh 9	14  a 21 ah 22	22  a 16 ah 22
7  a 3 ah 4	15  e 24 eh 23	23  a 9 ah 13
8  ä 14 äh 1	16  ö 20 öh 13	24  o 17 oh 12

Das ist gar nicht so einfach!

1	die K__le	e	18	eh	9
2	der L__rer	e	2	eh	7
3	das L__der	e	12	eh	14
4	die S__ne	a	19	ah	10
5	die D__ne	ü	5	üh	3
6	der Sp__n	a	8	ah	4
7	die W__nung	o	6	oh	1
8	der Thr__n	o	22	oh	2
9	die M__lzeit	a	17	ah	11
10	das F__rrad	a	23	ah	6
11	das Denkm__l	a	21	ah	16
12	das Geschw__r	ü	2	üh	13
13	der Bergf__rer	ü	15	üh	4
14	das H__nengrab	ü	19	üh	14
15	die S__ne	e	18	eh	23
16	die Verm__lung	ä	16	äh	3
17	die N__rung	a	20	ah	13
18	der St__r	a	24	ah	18
19	die Verl__bung	o	14	oh	19
20	die Bet__nung	o	15	oh	10
21	das Gef__l	ü	12	üh	17
22	die B__r	a	20	ah	14
23	die W__lmaus	ü	9	üh	16
24	die Fl__dermaus	e	18	eh	24

1	t__ben	o	17	oh	21
2	st__nen	ö	12	öh	15
3	sp__ren	ü	14	üh	10
4	g__nen	ä	9	äh	18
5	schw__ren	ö	19	öh	8
6	st__ren	ö	16	öh	11
7	w__len	ä	6	äh	4
8	t__nen	ö	23	öh	21
9	st__len	e	9	eh	13
10	schm__ren	o	20	oh	21
11	w__ren	e	12	eh	24
12	verz__ren	e	10	eh	3
13	m__nen	a	11	ah	5
14	w__ben	e	22	eh	21
15	k__ren	e	7	eh	1
16	sch__nen	o	6	oh	12
17	schw__r	e	9	eh	21
18	kl__r	a	2	ah	8
19	l__m	a	21	ah	10
20	k__l	a	12	ah	11
21	st__r	u	7	uh	8
22	z__m	a	15	ah	21
23	p__r	u	12	uh	17
24	__rlich	e	13	eh	8

Es klingt gleich und wird doch unterschiedlich geschrieben!

1  eh 13 ee 17	9  eh 9 ee 15	17  oh 23 oo 6
2  Ah 1 Aa 5	10  oh 4 oo 10	18  eh 9 ee 22
3 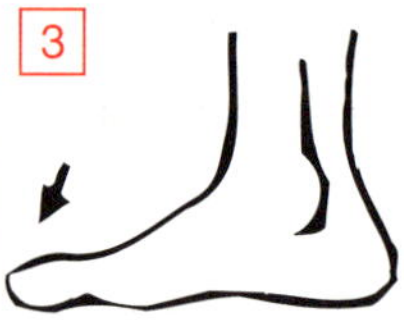 eh 16 ee 14	11  ah 8 aa 7	19 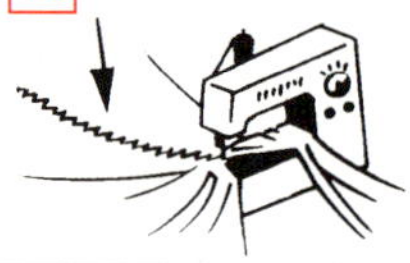 ah 12 aa 10
4 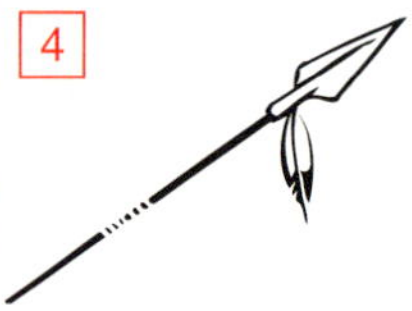 eh 6 ee 2	12  eh 23 ee 24	20  eh 20 ee 7
5  uh 3 uu 10	13  oh 7 oo 1	21  ah 16 aa 9
6  oh 12 oo 18	14  ah 17 aa 23	22  uh 6 uu 12
7  ah 7 aa 11	15 10 eh 21 ee 10	23  eh 14 ee 20
8  uh 19 uu 20	16  ah 20 aa 14	24  eh 15 ee 10

Kannst du das?

Hier kannst du das h hören, wenn du die Grundform des Wortes bildest:
er dro__t – drohen;
aber: er schau__t – schauen

1	der Fl__	oh	23	oo	13
2	der T__	eh	15	ee	7
3	das Str__	oh	10	oo	18
4	der Dr__t	ah	12	aa	16
5	die F__	eh	14	ee	3
6	der Pf__l	ah	20	aa	24
7	der T__r	eh	8	ee	1
8	das M__r	eh	5	ee	17
9	der R__m	uh	9	uu	21
10	der L__m	eh	4	ee	16
11	der S__l	ah	5	aa	6
12	der L__n	oh	14	oo	8
13	der St__t	ah	18	aa	11
14	das M__r	oh	15	oo	19
15	die G__st	eh	9	ee	21
16	die S__t	ah	5	aa	24
17	die S__le	eh	9	ee	13
18	die W__l	ah	22	aa	10
19	der Schn__	eh	18	ee	2
20	das J__r	ah	5	aa	16
21	der Str__l	ah	15	aa	14
22	der Kaff__	eh	6	ee	8
23	das M__l	eh	18	ee	11
24	die All__	eh	10	ee	16

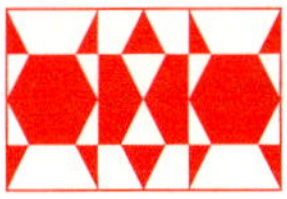

1	er dro__t	mit h	10	ohne h	14
2	er schau__t	mit h	15	ohne h	11
3	er krä__t	mit h	8	ohne h	5
4	er sä__t	mit h	13	ohne h	9
5	er nä__t	mit h	2	ohne h	4
6	er mä__t	mit h	12	ohne h	16
7	er bau__t	mit h	1	ohne h	6
8	er kau__t	mit h	23	ohne h	3
9	er ru__t	mit h	7	ohne h	17
10	er brä__t	mit h	21	ohne h	1
11	er sie__t	mit h	4	ohne h	14
12	er hau__t	mit h	15	ohne h	5
13	er brü__t	mit h	21	ohne h	16
14	er rä__t	mit h	23	ohne h	24
15	er belä__dt	mit h	13	ohne h	20
16	er dre__t	mit h	22	ohne h	15
17	er lei__t	mit h	17	ohne h	23
18	er glü__t	mit h	19	ohne h	14
19	er bereu__t	mit h	23	ohne h	18
20	er spä__t	mit h	16	ohne h	15
21	er befrei__t	mit h	14	ohne h	13
22	er verzei__t	mit h	23	ohne h	17
23	er flie__t	mit h	15	ohne h	10
24	er vertrau__t	mit h	13	ohne h	14

Weißt du hier Bescheid?

Nr.	Wort	Teil	Zahl
1	das Denk…	mal	13
		mahl	24
2	das Fest…	mal	12
		mahl	15
3	das Abend…	mal	8
		mahl	6
4	das Mutter…	mal	2
		mahl	11
5	das Merk…	mal	5
		mahl	10
6	die …zeit	Mal	7
		Mahl	4
7	der …lauf	Leer	3
		Lehr	8
8	das …amt	Leer	14
		Lehr	1
9	der Sport…	leerer	11
		lehrer	17
10	der Automaten…	leerer	18
		lehrer	9
11	die Flaschen …	leeren	14
		lehren	19
12	das Rechnen …	leeren	12
		lehren	16
13	der …tag	Wal	19
		Wahl	7
14	das …lokal	Wal	12
		Wahl	9
15	der …fisch	Wal	11
		Wahl	24
16	die …urne	Wal	19
		Wahl	20
17	das …fangboot	Wal	21
		Wahl	22
18	der …fänger	Wal	24
		Wahl	12
19	Bilder …	malen	10
		mahlen	22
20	Kaffee …	malen	8
		mahlen	19
21	mit der Mühle …	malen	12
		mahlen	23
22	Wände …	malen	22
		mahlen	16
23	Pfeffer …	malen	13
		mahlen	8
24	Türen …	malen	12
		mahlen	24

Hier kann man sich leicht versehen!

1	die __großmutter	Ur	11	Uhr	13
2	der __zeiger	Ur	17	Uhr	9
3	der __laub	Ur	20	Uhr	18
4	die __kunde	Ur	24	Uhr	14
5	das __werk	Ur	16	Uhr	19
6	der __wald	Ur	22	Uhr	2
7	die __feder	Ur	17	Uhr	21
8	der __heber	Ur	23	Uhr	13
9	der __großvater	Ur	7	Uhr	2
10	der __sprung	Ur	8	Uhr	18
11	das __glas	Ur	14	Uhr	12
12	die __sache	Ur	10	Uhr	4
13	der __macher	Ur	18	Uhr	17
14	die __aufführung	Ur	15	Uhr	16
15	die __abstimmung	Ur	13	Uhr	1
16	der __schlag	Ur	5	Uhr	6
17	das __armband	Ur	4	Uhr	3
18	__alt	ur	2	uhr	1
19	der __schlüssel	Ur	14	Uhr	16
20	__plötzlich	ur	5	uhr	18
21	die __kette	Ur	14	Uhr	1
22	__wüchsig	ur	4	uhr	9
23	der __deckel	Ur	11	Uhr	18
24	der __zeigersinn	Ur	19	Uhr	14

Es klingt wie x, wird aber nicht immer so geschrieben!

1		x chs	2 12	13		x chs	19 13
2	das W	ax achs	19 6	14	der L	ux uchs	23 17
3	der O	xe chse	18 3	15	das Ex / Echs … amen	Ex Echs	15 22
4	der Te__t	x chs	1 11	16	das Gewä__haus	x chs	20 14
5	die B	üxe üchse	16 9	17	die Ex / Echs … plosion	Ex Echs	24 18
6		x chs	5 15	18		x chs	16 22
7		x chs	13 11	19		x chs	18 23
8	6	x chs	14 7	20		x chs	20 19
9	das Kruzi	fix fichs	4 22	21	der L	ax achs	21 22
10	das Lexi / Lechsi … kon	Lexi Lechsi	10 16	22	der Dre__ler	x chs	17 18
11	die A	xe chse	14 8	23	das Ple__iglas	x chs	19 14
12		x chs	13 12	24		x chs	21 22

x oder chs oder cks?

1	das __empel	Ex	11	Echs	15	Ecks	19
2	die Se__ualität	x	7	chs	4	cks	13
3	die We__elstube	x	20	chs	10	cks	18
4	die Wei__el	x	2	chs	12	cks	16
5	der Kle__	x	17	chs	14	cks	21
6	der Kni__	x	2	chs	6	cks	8
7	wa__en	x	3	chs	1	cks	2
8	fi__	x	5	chs	20	cks	23
9	bo__en	x	9	chs	16	cks	13
10	we__eln	x	21	chs	22	cks	23
11	kni__en	x	17	chs	3	cks	6
12	mi__en	x	2	chs	4	cks	13
13	die Fa__en	x	23	chs	18	cks	24
14	das __periment	Ex	19	Echs	14	Ecks	20
15	der Kna__	x	4	chs	15	cks	3
16	kra__eln	x	24	chs	18	cks	17
17	se__ual	x	13	chs	20	cks	14
18	__plodieren	ex	4	echs	16	ecks	15
19	dre__eln	x	20	chs	14	cks	13
20	kle__en	x	18	chs	11	cks	17
21	__perimentieren	ex	15	echs	16	ecks	10
22	sä__eln	x	13	chs	20	cks	19
23	Ma__	x	18	chs	12	cks	23
24	Ale__ander	x	16	chs	9	cks	21

Es klingt gleich und wird doch unterschiedlich geschrieben!

Überlege, woher das Wort kommt!

1	der Adven__kranz	ts	20	ds	18	z	10
2	der Pfeffermin__tee	ts	14	ds	24	z	22
3	der Lan__knecht	ts	8	ds	23	z	12
4	die Glan_leistung	ts	16	ds	11	z	19
5	das Finan__amt	ts	14	ds	10	z	17
6	das Parlamen__gebäude	ts	21	ds	8	z	12
7	der Kin__kopf	ts	2	ds	15	z	11
8	das Umstan__kleid	ts	12	ds	13	z	10
9	der Weihnach__baum	ts	24	ds	9	z	16
10	das Rin__leder	ts	11	ds	18	z	8
11	der Existen__kampf	ts	12	ds	2	z	14
12	das Hohei__gebiet	ts	16	ds	9	z	11
13	der Arbei__tag	ts	7	ds	1	z	3
14	der Schie__richter	ts	4	ds	9	z	10
15	der Assisten__arzt	ts	5	ds	12	z	11
16	das Wir__haus	ts	8	ds	1	z	6
17	der Abschie__gruß	ts	10	ds	4	z	3
18	Das Elen__viertel	ts	6	ds	12	z	2
19	der Konferen__beschluss	ts	15	ds	10	z	3
20	die Ansich__karte	ts	2	ds	5	z	1
21	der Audien__saal	ts	12	ds	9	z	6
22	die Hun__tage	ts	16	ds	10	z	18
23	der Gebur__tag	ts	1	ds	21	z	11
24	die Provin__stadt	ts	6	ds	12	z	5

Denk nach und schreibe richtig!

1	der Verban__kasten	ts	14	ds	10	z	18
2	der Testamen__vollstrecker	ts	8	ds	4	z	6
3	der Konkurren__betrieb	ts	20	ds	15	z	11
4	das Sakramen_häuschen	ts	9	ds	16	z	5
5	der Hochzei__tag	ts	23	ds	20	z	22
6	das Vorstan__mitglied	ts	18	ds	7	z	15
7	die Win__braut	ts	17	ds	19	z	16
8	der Ambulan__raum	ts	18	ds	13	z	21
9	das Arbei__amt	ts	12	ds	14	z	6
10	der Prin__gemahl	ts	4	ds	17	z	24
11	der Beilei__besuch	ts	2	ds	22	z	13
12	die Karen__zeit	ts	19	ds	21	z	20
13	der Bereitschaf__dienst	ts	3	ds	15	z	4
14	die Abstan__summe	ts	2	ds	1	z	14
15	der Kondolen__besuch	ts	17	ds	6	z	5
16	die Sicherhei__nadel	ts	4	ds	15	z	18
17	die Schwan__spitze	ts	16	ds	2	z	14
18	der Pfun__kerl	ts	11	ds	6	z	17
19	der Mitglie__beitrag	ts	8	ds	13	z	18
20	der Mün__fernsprecher	ts	15	ds	10	z	16
21	der Mutterschaf__urlaub	ts	18	ds	12	z	17
22	der Unterschie__betrag	ts	7	ds	2	z	13
23	die Tan__stunde	ts	9	ds	16	z	15
24	die Vorra__kammer	ts	17	ds	23	z	12

Welches Wort gehört zum Bild?

Nr.	Bild	Wort	Zahl
1	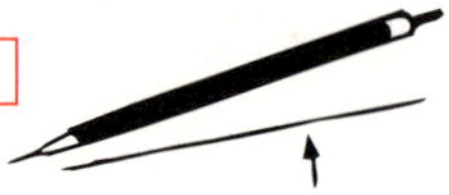	Mine	1
		Miene	5
2		Verse	15
		Ferse	17
3		Lärche	12
		Lerche	10
4		Klinke	14
		Klinge	16
5		Ecke	11
		Egge	3
6		Anker	6
		Anger	8
7		Enkel	19
		Engel	23
8		Hacken	11
		Haken	7
9		Rogen	13
		Roggen	9
10		Geißel	4
		Geisel	2
11	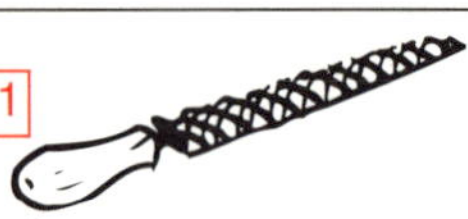	Feile	20
		Pfeile	22
12	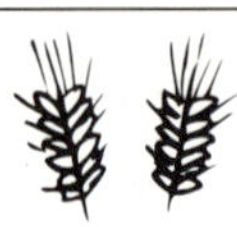	Ehren	16
		Ähren	12
13		Schall	9
		Schal	13
14		Krippe	5
		Grippe	11
15		Grat	15
		Grad	21
16		Mohr	8
		Moor	2
17		Wagen	24
		Waagen	11
18		Boote	22
		Bote	16
19		Weise	24
		Waise	18
20	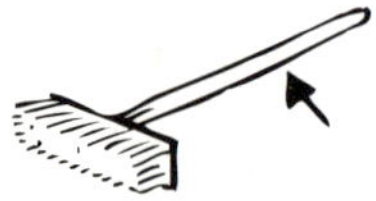	Stil	9
		Stiel	19
21		Wahl	16
		Wal	15
22		Lied	12
		Lid	18
23		ein Paar	8
		ein paar	14
24		Jacht	15
		Jagd	16

Welches Wort gehört zum Bild?

1		Teig	13	13		Scheren	5
		Teich	11			Schären	6
2	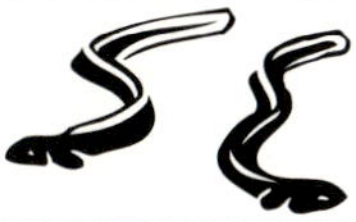	Aale	16	14		Bett	9
		Ahle	24			Beet	4
3		Greis	8	15		Herr	1
		Kreis	6			Heer	2
4		Axel	10	16		sehen	17
		Achsel	12			säen	6
5		Liter	19	17		lehren	3
		Lider	18			leeren	10
6	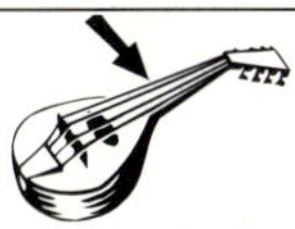	Saiten	15	18		malen	2
		Seiten	14			mahlen	13
7		Bären	17	19		sinken	9
		Beeren	22			singen	3
8		Rad	23	20		weisen	17
		Rat	21			weißen	18
9		Pfund	7	21		pflügen	13
		Fund	13			pflücken	14
10		Leib	18	22		reißen	10
		Laib	20			reisen	3
11	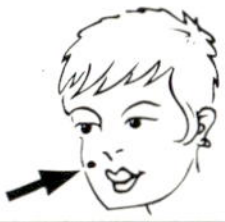	Mal	24	23		hohl	18
		Mahl	17			hol	12
12		Sperre	14	24		fiel	13
		Speere	21			viel	14

Drei Buchstaben zur Auswahl, aber nur einer ist richtig!

1	der T__phus	y	9	ü	1	i	5
2	die N__xe	y	18	ü	4	i	17
3	der Rh__thmus	y	14	ü	5	i	1
4	die S__mmetrie	y	10	ü	3	i	6
5	das M__nzrecht	y	13	ü	1	i	10
6	das S__mbol	y	18	ü	2	i	8
7	der T__mpel	y	4	ü	5	i	12
8	das H__nengrab	y	6	ü	3	i	9
9	die H__pothek	y	13	ü	21	i	3
10	der Z__linder	y	2	ü	23	i	11
11	das G__mnasium	y	4	ü	19	i	7
12	das S__stem	y	6	ü	22	i	18
13	die P__ramide	y	21	ü	11	i	14
14	die S__lze	y	20	ü	23	i	16
15	das Pfefferm__nz	y	12	ü	17	i	19
16	der P__anist	y	15	ü	19	i	22
17	die Ph__sik	y	11	ü	7	i	15
18	die Ol__mpiade	y	20	ü	24	i	23
19	der S__ndenbock	y	16	ü	12	i	20
20	die S__nagoge	y	15	ü	8	i	21
21	der P__rol	y	9	ü	13	i	7
22	das As__l	y	24	ü	17	i	4
23	die D__nen	y	14	ü	16	i	22
24	der D__namo	y	8	ü	10	i	2

Kannst du die Wörter richtig trennen?

1  3. Silbe?

2  4. Silbe?

3  3. Silbe?

4  2. Silbe?

5  4. Silbe?

6  4. Silbe?

7 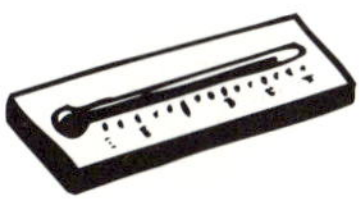 3. Silbe?

8  2. Silbe?

9  4. Silbe?

10  4. Silbe?

11  3. Silbe?

12 

3. Silbe?

13  5. Silbe?

14 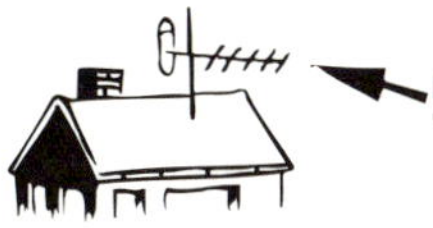 5. Silbe?

15  4. Silbe?

16  5. Silbe?

17  3. Silbe?

18  4. Silbe?

19  3. Silbe?

20  3. Silbe?

21 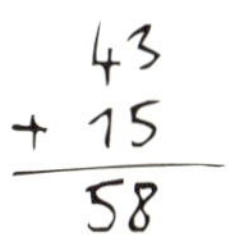

4. Silbe?

22  2. Silbe?

23  4. Silbe?

24 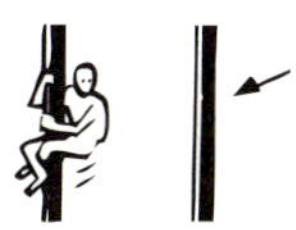 3. Silbe?

be	17
bum	20
der	5
di	9
en	13
fal	14
ga	7
ka	22
klam	11
klin	3
la	15
län	19
me	6
ne	24
nen	16
rer	21
rus	1
scha	10
schi	12
stan	8
stein	4
ten	23
ti	18
um	2

Kreuz und quer durch die s-Laute

Kennst du dich aus?

1	der Schlu__	s	1	ss	7	ß	2
2	das Ro__	s	9	ss	15	ß	4
3	das Aa__	s	12	ss	17	ß	18
4	das A__	s	13	ss	8	ß	14
5	die Gei__	s	4	ss	5	ß	6
6	der Fra__	s	9	ss	10	ß	16
7	der Atla__	s	21	ss	22	ß	23
8	das Apfelmu__	s	2	ss	1	ß	19
9	der Verschlei__	s	17	ss	18	ß	11
10	der Ha__	s	24	ss	5	ß	23
11	der Grie__	s	13	ss	19	ß	1
12	der Bi__	s	3	ss	22	ß	4
13	der Grau__	s	20	ss	13	ß	19
14	der Rei__	s	3	ss	9	ß	10
15	gro__	s	17	ss	23	ß	24
16	famo__	s	19	ss	14	ß	13
17	bla__	s	10	ss	9	ß	4
18	fie__	s	23	ss	17	ß	18
19	hei__	s	4	ss	22	ß	10
20	blo__	s	19	ss	14	ß	13
21	gewi__	s	24	ss	17	ß	18
22	nasewei__	s	4	ss	10	ß	9
23	ich wei__	s	19	ss	13	ß	14
24	ich mu__	s	23	ss	18	ß	17